RÉGULARISATION

DU TRAVAIL

POUR

L'OUVRIER ET LE COMMERÇANT,

OU

SYSTÈME

MORAL ET FINANCIER

DU TRAVAIL.

PAR MATHURIN ROUSSEAU.

> Le but de la République, c'est l'amélioration morale et matérielle du sort de tous.
>
> GARNIER PAGÈS.

CE PROJET VIENT D'ÊTRE PRÉSENTÉ A L'ASSEMBLÉE NATIONALE.

Prix : 15 centimes.

PARIS.

IMPRIMERIE DE Mme DE LACOMBE,

12, RUE D'ENGHIEN.

1848.

TABLE DES MATIÈRES.

PREMIÈRE PARTIE.

BANQUE NATIONALE DES COMMERÇANTS ET DES OUVRIERS UNIS.

DEUXIÈME PARTIE.

RAPPORTS DES COMMERÇANTS ENTRE EUX.

TROISIÈME PARTIE.

RAPPORTS DES PATRONS ET DES OUVIERS. — RAPPORTS DES OUVRIERS ENTRE EUX.

MOTIFS DU PROJET DE LOI

SUR

SUR LE TRAVAIL.

L'agriculture, le commerce, l'industrie se débattent dans la souffrance. Frappé de tant de coups, le peuple crie merci et revendique la paix. Qui oserait la lui refuser ? Tout entier en armes, ou sous les armes, il lui suffit, pour la maintenir, d'une attitude ferme et unanime.

L'Assemblée nationale n'a-t-elle pas proclamé la République et décrété un Pouvoir exécutif ? N'a-t-elle pas prouvé qu'elle voulait, autant que possible, améliorer le sort des travailleurs, en formant pour eux une commission spéciale ? N'a-t-elle pas réuni, en peu de jours, le plus de sécurité pour le présent et d'espoir pour l'avenir ?

Aussi, la confiance ne demande qu'à s'affermir. Fille de l'ordre, elle a déjà salué les premiers efforts de la Constituante en s'appuyant sur elle. Timide naguère, elle marche avec assurance, parce que ses premiers pas ont été incertains; et elle est accueillie avec d'autant plus d'enthousiasme qu'elle a mis à se montrer plus de réserve.

Une seule chose fait défaut : le crédit !... Résultat de l'affluence du numéraire sur un seul point, le crédit s'éloigne avec le numéraire. Mais le Peuple honnête fait des efforts héroïques pour asseoir l'ordre, et l'Assemblée nationale veille à assurer et assurera le crédit.

1° Fixer les capitaux étrangers en France ;

2° Réduire à 2 pour 100 le taux de l'argent pour l'agriculture, le commerce et l'industrie, sans nuire aux capitaux ;

3° Faire fleurir l'agriculture, le commerce et l'industrie ;

4° Mettre en circulation une valeur de dix milliards, jusqu'à ce jour à l'état d'inertie ;

5° Rendre inutiles aux Commerçants et aux Ouvriers les Monts-de-Piété et les Hospices.

Telle est la tâche que nous nous sommes imposée, et que nous espérons avoir remplie.

FIXER LES CAPITAUX ÉTRANGERS EN FRANCE.

Les capitaux recherchent un placement commode, avantageux et sûr. Qu'il s'en présente un semblable et les capitaux s'agiteront de toute part.

A l'abri des révolutions ; rapportant 5 p. 0/0 d'intérêt ; réalisables à volonté, sans réduction, sans frais, sans déplacement ; appuyés sur un gage hypothécaire quadruple ; garantis par une Banque Nationale de plusieurs centaines de millions de francs, les Bons de la Banque des Commerçants et des Ouvriers unis, avec un ensemble d'avantages tels qu'on n'en a encore jamais offert, attireront successivement les capitaux de tous les points du monde civilisé et les fixeront nécessairement en France.

RÉDUIRE LE TAUX DE L'ARGENT A 2 p. 0/0, POUR L'AGRICULTURE, LE COMMERCE ET L'INDUSTRIE, SANS NUIRE AUX CAPITAUX.

Terme moyen, les biens ruraux rapportent 2 1[2, les maisons 7, et le commerce de 10 à 20, aléatoirement. De là, le manque de numéraire dans les campagnes, la fureur de constructions dans les villes et la perturbation dans les affaires. Pour sauver l'agriculture, le commerce et l'industrie, il n'y a qu'un moyen : celui de réduire l'intérêt de l'argent au bénéfice de la production, sans préjudicier aux capitaux.

Livrés à l'agriculture, au commerce et à l'industrie, à raison de 6 p. 0/0 et de 1 p. 0/0 de commission, mais portant 5 p. 0/0 d'intérêt, les Bons de la Banque nationale ne coûteront, en définitive, que 2 p. 0/0, à l'agriculture au commerce et à l'industrie; et produiront 5 p. 0/0 au capital. En dehors de Paris, trois cent soixante-trois villes, chefs-lieux de départements et d'arrondissements de la France, auront, avec notre projet, autant de caisses fournissant à la terre, aux fabriques et au débit, des valeurs à 2 p. 0/0 qui donneront 5 p. 0/0 aux bailleurs de fonds, et l'Assemblée nationale aura résolu un des grands problêmes de l'époque et du moment.

FAIRE FLEURIR L'AGRICULTURE, LE COMMERCE ET L'INDUSTRIE.

Chaque année, 80,000 jeunes travailleurs, à la fleur de l'âge, désertent, au nom de la loi, les campagnes de leurs pères pour sept années, au bout desquelles ils se mêlent au commerce et à l'industrie des villes qu'ils embarrassent et troublent aux jours de crise et de calamité. Au lieu de cela, que l'Assemblée nationale renvoie, après six mois d'instruction militaire, ces 80,000 jeunes travailleurs à leurs champs ! Elle le peut. Les enfants de Paris ne se sont-ils pas transformés, dans trois mois, en une garde mobile modèle, et n'ont-ils pas, avec la garde sédentaire, leur aînée, bien mérité de la patrie ? Le gouvernement aura alors des soldats-laboureurs rapportant et ne coûtant rien à l'Etat.

Avec de tels cultivateurs, le sol de la France, où viendront se répandre des capitaux à raison de 2 p. 0/0, se fertilisera de plus en plus et sur de nouveaux points. Les plaines se couvriront de prairies nouvelles et ces prairies de troupeaux nombreux, qui augmenteront de proche en proche tous les fruits de la terre et réaliseront la vie à bon compte.

Les produits de nos manufactures, diminués dans leur prix de revient, par l'abolition de la faillite et de la circulation de complaisance, et par la réduction de l'usure et de l'intérêt, dépasseront la concurrence sur tous les marchés étrangers. La consommation assurée assurera la production ; et l'écoulement de la production sera une voie nouvelle et sûre de prospérité du pays et de bonheur du peuple. Que l'ancien et le nouveau-monde découvrent, exploitent, importent tant de mines de cuivre, d'argent et d'or que possible ? Ce sera garantir d'autant l'achat de nos produits.

Grâce à l'Assemblée nationale qui aura pourvu à tout, l'agriculture, le commerce et l'industrie n'étant plus arrêtés par la défiance et l'insuffisance des capitaux, verront l'association de capitaux, obtenus par le travail et retenus sur le travail, fonder pour eux des Caisses de prêt et de secours, et non pas l'association du capital et du travail aujourd'hui jugée impossible, le capital manquant à l'appel. L'intelligence et l'aptitude au travail ne seront plus épouvantées et n'épouvanteront plus par une égalité de salaire monstrueuse et subversive de toute morale, de toute justice et de tout crédit : les affaires et les travaux reprendront.

METTRE EN CIRCULATION UNE VALEUR DE DIX MILLIARDS, JUSQU'A CE JOUR A L'ÉTAT D'INERTIE.

La propriété immobilière imposable s'élève, en France, à 90 milliards environ, hypothéqués pour dix milliards. Il y a donc, en France, pour 10 milliards d'obligations personnelles, ayant un gage réel et tenus en dehors de toute circulation. Fiction de tous les biens, le numéraire *métal* échappe au moment où il se transforme en une propriété quelconque, tandis qu'une monnaie hypothécaire, cautionnée par une Banque nationale et portant intérêt, reste un numéraire territorial, garanti, productif et fixe, dont le système divisible, ajoute dix milliards réels à la circulation. Trop beau et trop parfait, notre mode monétaire voyage sur toutes les places de l'Europe, au lieu que le Bon Hypothécaire s'acclimatera forcément, par sa nature, dans chaque localité de la France. Que l'homme d'Etat y prenne garde ! le Bon Hypothécaire national est le salut des finances et du pays. Il tient au sol et s'élèvera successivement par la mobilisation au quart de la propriété foncière appelée à dépasser bientôt 100 milliards. Une valeur de 25 milliards sera donc ajoutée aux 6 milliards environ de numéraire que possède actuellement la France, et dont près d'un quart circule à l'étranger.

Le moyen de couvrir, comme aujourd'hui, plus de 100 milliards d'opérations avec 5 milliards comptant et le reste à recouvrer ? 25 milliards de Bons Hypothécaires et 6 milliards environ de numéraire, sont un chiffre rationnel et en proportion des garanties exigées de la Banque de France, pour des négociations s'élevant à 100 milliards et plus.

RENDRE INUTILES AUX COMMERÇANTS ET AUX OUVRIERS, LES MONTS-DE-PIÉTÉ ET LES HOSPICES.

La circulation de complaisance et la faillite, introduites dans nos lois, sont les deux causes premières de la déconsidération du commerce. Forcée par suite de l'obligation de trois signatures, la circulation de complaisance favorise l'usure qu'elle nomme modestement *Escompte*, ou pompeusement *Banque*. Généralement provoquée par l'usure, la faillite engendre le dol, escompte la bonne foi au profit de la fraude et démoralise la société.

Sans aucun profit pour son avenir et celui de sa famille, l'Ouvrier dépose, dans des Monts-de-Piété, pour un prix bien inférieur à leur valeur, des objets qu'il ne peut retirer et dont, chaque jour, il sent la privation dans son ménage.

Quantaux Hospices, tels qu'ils sont établis, ils portent l'Ouvrier à satisfaire ses passions et l'isolent de sa famille. Il en arriverait autrement si la paresse n'entrevoyait pas un refuge assuré dans ces établissements qui devraient être exclusivement consacrés au malheur.

Que sur les bénéfices nets du Commerçant il soit fait un prélèvement de quelques centimes à répartir dans deux caisses : l'une, de prêt des Commerçants, dès lors à l'abri de la faillite ; l'autre, de Secours des Commerçants, veuves et orphelins de Commerçants ! Qu'il soit également opéré des retenues sur les paies des Ouvriers, à verser dans deux caisses : l'une, de prêt sans intérêt, ni commission ; l'autre, de Secours des Ouvriers, veuves et orphelins d'Ouvriers ! Etablissements connexes et distincts, administrés et contrôlés par des Conseils et des Jurys de Commerçants et d'Ouvriers élus par leurs pairs. Que la banqueroute pâlisse et succombe et que l'industrie honnête se relève et prospère devant la circulation de complaisance et la faillite impossibles. Que l'Ouvrier, récompensé selon sa capacité et son aptitude, aspire à devenir Patron. Que le Patron se rappelle qu'il est sorti des rangs de l'Ouvrier, et qu'il en redevienne, comme autrefois, le père. Qu'il s'établisse entre les Commerçants, comme entre les Patrons et les Ouvriers, des rapports réciproques fondés sur la bonne foi et le bien-être général. Qu'on dépouille les vieilles haines et les habitudes de tromperie. Que les Travailleurs soient, dans la force de l'expression, de bons Citoyens : et tous auront suivi à la lettre et dans son esprit le projet de loi que nous portons aux lumières et au patriotisme des Représentants-Souverains, tenant d'une main la balance et de l'autre le glaive de la Patrie.

Mais, pour être durable, un établissement doit reposer sur une base financière proportionnelle à son importance, respirer la morale publique et offrir des rapports réguliers entre tous les membres appelés à y concourir. C'est pourquoi le système moral et financier du travail se divise en trois parties.

La première, comprend : une Banque Nationale des Commerçants et des Ouvriers unis, avec quatre Caisses : une de Moralité des Commerçants et une de Secours des Commerçants; une Caisse de Moralité des Ouvriers et une de Secours des Ouvriers.

La seconde, règle les rapports des Commerçants entre eux, avec l'abolition de la faillite et de la circulation de complaisance.

La troisième, contient les rapports des Patrons et des Ouvriers, et les rapports des Ouvriers entre eux, avec l'abolition du marchandage, sous quelque forme qu'il se présente.

PREMIÈRE PARTIE.

BANQUE NATIONALE

DES COMMERÇANTS ET DES OUVRIERS UNIS.

TITRE I.

Formation, Nature, Siége.

ARTICLE PREMIER. — Il sera fondé, en France, une Banque Nationale des Commerçants et des Ouvriers unis.

ART. 2. — Toutes actions, et tous dividendes lui sont et demeurent interdits.

ART. 3. — La Banque Nationale des Commerçants et des Ouvriers unis a pour objet de venir en aide et secours aux Commerçants et aux Ouvriers.

ART. 4. — Elle aura un siége principal, à Paris, des caisses correspondantes dans toutes les villes, des comptoirs à chaque chef-lieu de canton et des correspondants attitrés dans toutes les localités où ils seront jugés nécessaires pour le bien du service.

TITRE II.

Capital, son Emploi.

ART. 5. — Le fonds primitif de la Banque Nationale des Commerçants et des Ouvriers unis est de 250,000,000 de francs.

ART. 6. — Ce fonds est et sera successivement accru :

1°. Des intérêts de toute nature qu'il pourra et devra produire ;

2°. Des versements et retenues opérées tant sur les Commerçants que sur les Ouvriers ;

3°. Des droits dus par les Commerçants et les Ouvriers ;

4°. Des amendes payées par les Commerçants et les Ouvriers ;

5°. Des immeubles donnés par l'Etat, les Villes et les Communes ;

6°. Des dons de la France et des nations.

ART. 7. — Les effets, mis en circulation, devant toujours avoir une représentation réelle, leur émission sera réglée sur les apports.

ART. 8. — Le capital constitutif de la Banque Nationale pourra être représenté par des placements hypothécaires offrant une garantie suffisante.

Ces placements ne pourront être effectués que pour un quart de la valeur intrinsèque de l'immeuble, sans convenance ou autre plus value de convention, de manière que l'immeuble représente toujours quatre fois la garantie du prêt.

ART. 9. — Les prêts de la Banque Nationale sur hypothèque seront faits au moyen de Bons Hypothécaires à courte échéance, à raison de 6 p. 0/0 et de 1 p. 0/0 de commission.

Ces Bons Hypothécaires seront négociables, et porteront 5 p. 0/0 d'intérêt.

Les prêts hypothécaires pourront être renouvelés.

Ces placements ne seront pas soumis au droit d'enregistrement.

ART. 10. — Il sera fait des prêts aux Commerçants sur leur simple signature.

ART. 11. — Il sera fait des prêts aux Ouvriers, sans signature.

ART. 12. — On viendra au secours des Commerçants, veuves et orphelins de Commerçants dans le besoin.

Art. 13. — On viendra au secours des Ouvriers, veuves et orphelins d'Ouvriers dans le besoin.

Art. 14. — La Banque Nationale pourra faire des prêts au Gouvernement, aux Villes, aux Communes et aux particuliers, mais, sur garantie hypothécaire, et ainsi qu'il est dit articles 8 et 9 ci-dessus.

Art. 15. — Dans le cas d'emprunt du Gouvernement les Bons Hypothécaires d'emprunt seront de 360 jours.

Art. 16.—Les Bons d'emprunt Hypothécaire du Gouvernement ne pourront être renouvelés qu'en vertu d'une délibération de l'Assemblée générale du Conseil et des Jurys convoqués, si besoin est, extraordinairement à Paris.

Art. 17. — Tout prêt à l'étranger est interdit.

Art. 18. — Toute acquisition mobilière, ou immobilière, excepté celle des biens mobiliers et immobiliers nécessaires à l'établissement, à l'accroissement ou à l'augmentation des Banques, est interdite.

Ainsi, toute acquisition de rentes sur l'état, d'actions sur les chemins de fer, de canaux et de toutes autres valeurs industrielles, est interdite.

Art. 19. — Tous fonds inutiles pour les besoins du service pourront être employés en prêts hypothécaires.

Art. 20. — Ces prêts seront représentés par des Bons qui pourront être remis aux réclamants, et entrer en circulation.

TITRE III.

Administration des Conseils et des Jurys.

Art. 21. — La Banque nationale des Commerçants et des Ouvriers unis sera dirigée, à son siége principal, à Paris, par un Conseil composé d'un Président-directeur, de deux vice-Présidents, quatre Assesseurs et deux Secrétaires.

Il y aura dans les villes de première classe, un Président, quatre Assesseurs et deux Secrétaires.

Dans celles de seconde classe, un Président, trois Assesseurs et un Secrétaire.

Dans celles de troisième classe et au-dessous, un Président, un Assesseur et un Secrétaire.

Dans les chefs-lieux de canton, un Administrateur et un Secrétaire.

Art. 22. — Il y aura un Jury de la Banque Nationale, auprès de chaque siége de Banque, en nombre pareil au Conseil.

Art. 23. — Les attributions, les salaires et les règles de détail seront établis ultérieurement et suivant les localités.

Les fonctions devront, le plus possible, être honorifiques.

Art. 24. — Les Conseils et les Jurys de la Banque Nationale seront composés moitié de Commerçants, moitié d'Ouvriers. Ils seront élus par l'ensemble des Commerçants et des Ouvriers des localités respectives. Les seuls Présidents du Conseil et du Jury de la Banque Nationale, à Paris, devront être des citoyens, ni Commerçants, ni Ouvriers. Ils seront également élus.

L'Administrateur et le Secrétaire des Comptoirs établis dans les chefs-lieux de canton seront élus par tous les Commerçants et Ouvriers de chaque canton et choisiront leurs correspondants attitrés pour les petites localités de leur circonscription.

Ces divers fonctionnaires seront élus pour trois ans; ils pourront être réélus.

Art. 25. — En cas de nombre impair dans la composition des Conseils et des Jurys de la Banque Nationale, les Présidents des Conseils et des Jurys seront alternativement pris, soit chez les Commerçants, soit à leur choix, d'après la volonté de l'ensemble des votes des Commerçants et des Ouvriers réunis.

Art. 26. — La mission du Conseil est d'administrer.

Art. 27. — La mission des Jurys est de contrôler.

Art. 28. — Les Conseils et Jurys des chefs-lieux de canton relèveront, en dernier ressort, des Conseils et Jurys des villes de troisième classe. Les Conseils et Jurys des villes de troisième classe relèveront, en dernier ressort, des Conseils et Jurys des villes de deuxième classe.

Les Conseils et Jurys de Paris seront des Conseils et Jurys suprêmes des villes et chefs-lieux de canton, pouvant annuler et réformer les décisions souverainement.

Art. 29. — Il y aura, deux fois par an, des assemblées générales des Présidents de Banques et de Jurys dans les chefs-lieux des départements, sous la présidence des Présidents de Banques et des Jurys du chef-lieu du département.

Art. 30. — Il y aura, une fois par an, une assemblée générale des Présidents de Banques des départements, sous la présidence du Directeur de la Banque Nationale; et une assemblée générale des chefs des Jurys, sous la présidence du chef du Jury de la Banque Nationale, à Paris.

Art. 31. — Ces assemblées ne pourront durer plus de deux semaines.

Art. 32. — Il devra y avoir, dans la seconde semaine, une réunion générale des deux assemblées de la Banque Nationale et du Jury, sous la présidence du ministre des finances.

TITRE IV.

Caisses : leur coordination, leur service.

Art. 33. — La Banque Nationale comprendra quatre comptabilités distinctes, savoir : une Caisse de Moralité des Commerçants, une Caisse de Secours des Commerçants; une Caisse de Moralité des Ouvriers, une Caisse de Secours des Ouvriers.

Art. 34. — Il y aura des envois d'états de situation de Comptoirs inférieurs à Comptoirs supérieurs, tous les dix jours; et des envois réciproques d'états de situation pour les Comptoirs supérieurs entre eux.

Envoi d'un tableau général de situation sera fait par les Comptoirs des villes de première classe au siége central, à Paris, tous les mois.

Les Administrateurs établis dans les chefs-lieux de cantons, régleront leurs rapports de situation avec leurs correspondants, suivant ceux qu'ils doivent eux-mêmes observer avec les comptoirs supérieurs.

Art. 35. — Toutes les Caisses correspondantes pourront s'échanger et s'escompter leurs effets, et payer mutuellement leurs billets.

SECTION PREMIÈRE.

Caisse de Moralité des Commerçants.

Art. 36. — La Caisse de Moralité des Commerçants est établie pour subvenir au prêt à la moralité des Commerçants.

Art. 37. — Le prêt à la moralité des Commerçants aura lieu sur une seule signature.

Art. 38. — Tout prêt à la moralité des Commerçants, au-dessous de 500 francs, sera représenté par des valeurs de 25 à 50 francs, de vingt-cinq à cinquante jours d'échéance; au dessous de 1,000 francs, par des valeurs de 50 à 75 francs, de cinquante à soixante-quinze jours d'échéance; au-dessous de 10,000 francs par des valeurs de 200 francs, de soixante-quinze à cent jours d'échéance; enfin, au-dessus de 100,000 francs par des valeurs de 500 à 1,000 francs, de cent à trois cents jours d'échéance.

Art. 39. — Tout prêt à la moralité sera fait moyennant 6 p. 0/0 et 1 p. 0/0 de commission.

Art. 40. — Tout Bon de la moralité rapportera 5 p. 0/0 au porteur.

SECTION DEUXIÈME.

Caisse de secours des Commerçants.

Art. 41. — La Caisse de Secours des Commerçants est établie pour les Commerçants dans le besoin, et hors d'état de continuer les affaires, pour les veuves et pour les orphelins des Commerçants et des Commis des Commerçants.

Art. 42. — Les secours seront donnés aux Commerçants, veuves et orphelins de Commerçants et Commis de Commerçants, par la Caisse de Secours des Commerçants, sur ou sans leur demande, d'après le rapport d'un membre du Conseil des Commerçants et la décision du Jury des Commerçants.

SECTION TROISIÈME.

Caisse de moralité des Ouvriers.

Art. 43. — La Caisse de Moralité des Ouvriers est établie pour subvenir aux besoins des Ouvriers et des Hommes d'atelier.

Art. 44. — Le prêt à la moralité des Ouvriers est verbal et sans intérêt.

Art. 45. — Le prêt à la moralité des Ouvriers est inscrit au grand livre de la moralité, avec et sur la caution verbale et sans garantie, autre que celle morale, de deux pères de famille Commerçants ou Ouvriers.

Art. 46. — Le prêt à la moralité des Ouvriers est fixé, pour son acceptation et sa quotité, ou sa suspension et son refus, par le Jury des Ouvriers, sur le rapport d'un membre du Conseil des Ouvriers.

SECTION QUATRIÈME.

Caisse de secours des Ouvriers.

Art. 47. — La Caisse de Secours des Ouvriers est établie pour les Ouvriers et Hommes d'ateliers, (1) hors d'état de travailler par vieillesse, infirmité ou maladie, et pour les veuves et orphelins d'Ouvriers et d'Hommes d'ateliers, selon leurs besoins et position.

Art. 48. — Les secours seront donnés aux Ouvriers, veuves et orphelins d'Ouvriers, aux Hommes d'atelier veuves et orphelins d'Hommes d'atelier, par la Caisse de Secours des Ouvriers, sur ou sans leur demande, d'après le rapport d'un membre du Conseil des Ouvriers, et la décision du Jury des Ouvriers.

TITRE V.

Papier-Monnaie.

Art. 49. — Il n'y aura, pour toutes les banques ressortissant du siège principal de la Banque Nationale, qu'un seul papier-monnaie homogène, fabriqué seulement au siège principal, à Paris, dans une division spéciale.

Art. 50. — Il y aura deux espèces de Papier de la Banque nationale : Le papier, représentatif du capital de la Banque Nationale; et le papier, représentatif de ses opérations.

Art. 51. — Le Papier représentatif du capital sera divisé en coupons de 25, 50, 100, 250, 500, 1,000, 10,000, 100,000 francs.

Art. 52. — Le Papier représentatif des opérations sera divisé en Bons ainsi qu'il est dit article 38.

Art. 53. — Le papier, représentatif du capital, trouvera sa véritable représentation dans le placement dont la nature sera indiquée sur les Bons.

---

(1) La qualification d'*homme d'atelier* remplace celle d'*homme de peine*.

TITRE VI.

Droits et Devoirs des Commerçants et des Ouvriers.

Art. 54. — Le droit de plaintes, d'observations et de demandes de toute nature est réservé tant aux Commerçants qu'aux Ouvriers auprès de leurs Jurys de la Banque Nationale.

Art. 55.— Tout Commis de Commerçant sera soumis à une retenue proportionnelle à ses appointements, qui lui donnera des droits proportionnels aux Caisses de Secours et de Moralité dans une division qui sera spécialement affectée aux Commis des Commerçants.

Art. 56. — Tout Ouvrier, passant de la condition d'Ouvrier à celle de Commerçant, abandonne tous ses droits aux Caisses de Secours et de Moralité des Ouvriers, pour entrer dans ceux des Commerçants.

Art. 57. — Tout Ouvrier, qui quittera la France pendant un an, ou suspendra ses travaux pendant le même temps, sans un motif de maladie ou autre légitime, perdra ses droits à la Caisse de Secours et de Moralité.

Art. 58. — Tout Commerçant, passant de sa condition à celle d'Ouvrier, abandonne tous ses droits aux Caisses de Secours et de Moralité des Commerçants, pour entrer dans ceux des Ouvriers.

Art. 59. — Tout citoyen, ouvrant un commerce, en fera la déclaration à la Banque Nationale et devra acquitter un droit d'ouverture d'établissement, de 30 fr. à 3,000 francs, suivant l'importance de son commerce, fixé par le Jury du lieu où sera ouvert l'établissement, et sur la demande du Commerçant.

Art. 60. — Tout citoyen, qui aura ouvert un commerce sans satisfaire à cette déclaration et au droit d'ouverture de son commerce, sera passible du double de ce droit.

Art. 61. — Tout Commerçant étranger, voulant ouvrir une maison de commerce, devra payer à la Banque Nationale des Commerçants et des Ouvriers unis, un droit de 100 francs à 10,000 francs, d'après la décision du Jury des Commerçants.

Art. 62. — Toute contravention à cette obligation sera frappée du double du droit qui aurait été primitivement fixé.

Art. 63. —Il y aura, chez chaque Commerçant, dans ses bureaux, ou établissement et dans chaque atelier, un tableau en évidence, contenant la présente loi.

Art. 64. — Tout Commerçant ou Patron, contrevenant à la disposition contenue dans l'article 63 ci-dessus, sera passible d'une amende de 5 fr.

TITRE VII.

Dispositions transitoires.

Art. 65. — Les 250 millions nécessaires à la création de la Banque des Commerçants et des Ouvriers unis seront pris sur des économies et des réductions à faire au budget de la guerre (1).

Art. 66. — Tout Commerçant étranger, en possession d'un commerce, devra verser à la Banque Nationale de 50 à 500 fr., selon l'importance de son commerce et d'après la décision du Jury, basée sur le rang qu'il doit tenir dans la classification des Commerçants.

---

(1) Les sommes nécessaires à une fondation si utile pourraient être prises sur d'autres départements, ou provenir d'autres ressources que nous pourrions indiquer. Mais nous avons préféré cette économie au budget de la guerre, — déjà approuvée par d'illustres généraux, et devant bénéficier, de toute façon, à l'État, — parce qu'elle est profitable en même temps aux Finances, à l'Agriculture, au Commerce, à l'Industrie, aux mœurs, à la famille, à l'humanité tout entière; et qu'elle ne nuit en aucune manière à la sécurité, à la prospérité, à la grandeur et à la gloire de la France.

Art. 67. — Le droit sera acquitté, en espèces, dans un mois, à partir de l'avis qui lui en sera donné ; ou en une valeur à deux mois, fournie dans les trois jours de l'avis reçu.

Art. 68. — Tout Commerçant français ou étranger devra verser à la Banque Nationale, dans la quinzaine, à partir de la promulgation de la présente loi, la somme de 5 francs par chaque chef de maison.

Chaque Commis versera la somme de 2 francs.

Et chaque Ouvrier la somme de 50 centimes, pour être versés dans leurs caisses respectives.

Art. 69. — L'État, les Villes et les Communes céderont gratuitement, en toute propriété et sans aucun frais, même d'enregistrement, les immeubles et, autant que possible, les meubles nécessaires pour l'établissement et l'installation, dans la capitale, les villes, chefs-lieux de canton, bourgs, villages et hameaux, des Caisses, Comptoirs, Correspondances et Jurys de la Banque Nationale des Commerçants et des Ouvriers unis.

Art. 70. — Une souscription nationale sera ouverte pour aider et parfaire les frais d'établissement, partout où besoin sera.

Art. 71. — Une souscription sera ouverte chez tous les peuples, pour venir en aide à la fondation de la Banque Nationale des Commerçants et des Ouvriers unis pour ce grand œuvre : base essentielle de liberté, d'égalité et de fraternité.

Art. 72. — Mention des noms et sommes par peuples, pour ces diverses souscriptions, sera inscrite en tête du grand-livre de Caisse de la Banque Nationale des Commerçants et des Ouvriers unis.

DEUXIEME PARTIE.

RAPPORTS DES COMMERÇANTS ENTRE EUX.

TITRE PREMIER.

Du Billet de complaisance.

Art. premier. — Le billet de complaisance est interdit.

Art. 2. — Tout propriétaire, souscripteur ou endosseur, complices d'un billet de complaisance, seront punis, pour une première fois, d'une amende de 5 centimes par franc sur le montant dudit billet, d'après la décision du Jury des Commerçants ; pour une seconde fois, d'une amende de 10 centimes par franc ; et pour une troisième et suivantes d'une amende de 25 centimes par franc.

Art. 3. — Le montant de ces amendes sera versé, par égales portions, dans les trois jours de la décision, aux Caisses de prêt et de secours des Commerçants.

TITRE II.

De la Faillite.

Art. 4. — La faillite est abolie.

TITRE III.

De l'embarras d'un Commerçant dans ses affaires.

Art. 5. — Tout Commerçant embarrassé dans ses affaires, jugé de bonne foi et capable, sera admis au prêt à la moralité purement et simplement.

Art. 6. — Tout Commerçant embarrassé dans ses affaires, jugé de bonne foi, mais incapable, sera admis au prêt à la moralité, après qu'il lui aura été nommé un conseil dans sa famille ou parmi ses amis. Les femmes, selon les circonstances, ne seront pas exclues de ce conseil.

Art. 7. — Tout Commerçant embarrassé dans ses affaires, et jugé de mauvaise foi, sera considéré comme banqueroutier et puni comme tel.

Art. 8. — La Caisse du prêt à la moralité des Commerçants, est alimentée par un versement de 3 centimes par franc sur les bénéfices nets de chaque Commerçant, d'après sa simple déclaration.

Art. 9. — Tout Commerçant, contrevenant à cette disposition, sera tenu de donner connaissance de ses livres, carnets, de toutes affaires et de payer 6 centimes par franc sur toutes les opérations dont il n'aurait pas fait la déclaration.

En cas de récidive, il sera tenu de payer 12 centimes par franc sur le bénéfice net de chaque opération omise.

La troisième fois, et suivantes, il sera passible d'une amende de 24 centimes par franc sur ces mêmes bénéfices.

Art. 10. — La Caisse de Secours des Commerçants est alimentée par un versement de 3 centimes par franc sur les bénéfices nets de Chaque commerçant, d'après sa simple déclaration.

Art. 11. — Tout Commerçant contrevenant à cette disposition, sera tenu de donner connaissance de ses Livres, Carnets, de toutes affaires, et de payer 6 centimes par franc sur toutes les opérations dont il n'aurait pas fait la déclaration.

En cas de récidive, il sera tenu ne payer 12 cectimes par franc sur le bénéfice de chaque opération omise.

La troisième fois, et suivantes, il sera passible d'une amende de 24 centimes par franc sur ces mêmes opérations.

Art. 12. — Les dispositions comprises dans les articles 62 et 63 de la première partie du présent projet de loi sont applicables aux titres I, II et III des rapports des Commerçants entre eux contenues dans sa seconde partie.

TROISIEME PARTIE.

RAPPORTS DES PATRONS ET DES OUVRIERS.

RAPPORTS DES OUVRIERS ENTRE EUX.

TITRE PREMIER.

Du marchandage et des ouvrages aux pièces ou à la tâche.

Article premier. — Le marchandage est et demeure aboli.

Art. 2. — L'ouvrage (1) aux pièces ou à la tâche est aboli.

TITRE II.

Des heures du travail.

Art. 3. — La journée de l'Ouvrier, de l'Apprenti et de l'Homme d'atelier sera de dix heures dans toute l'étendue de la République.

Il pourra y avoir des exceptions à cette règle dans certains états, pourvu qu'il soit bien établi que ces exceptions sont indispensables à la nature de ces états.

Les travaux agricoles seront régis par une loi.

La condition des domestiques sera régie par une loi.

---

(1) Ces sortes d'ouvrages ne sont qu'un marchandage déguisé. Il y a toujours moyen de récompenser par le prix de la journée le mérite et l'aptitude au travail. L'Ouvrier qui travaille en chambre doit être considéré comme un patron peu aisé. Du reste, les associations entre ouvriers ou patrons, si elles sont possibles, peuvent s'exécuter : ce qui n'est pas défendu est permis.

Art. 4. — On ne pourra faire des heures en plus dans aucun ateliers.

Toutefois, dans une circonstance exceptionnelle et où l'on ne pourrait attendre au lendemain, soit pour livrer de l'ouvrage, soit pour prendre de nouveaux Ouvriers, on pourra faire des heures supplémentaires qui seront payées un tiers en sus.

Lorsqu'il se sera écoulé trois heures après la journée, les heures seront payées doubles.

Art. 5. — Tout Patron sera tenu de placer dans l'atelier, en évidence, une pendule, ou un cartel, ou tout autre moyen d'indiquer l'heure sur lesquels, on se fixera pour l'arrivée, les heures de repas et la sortie des Ouvriers, des Apprentis et des Hommes d'atelier.

Art. 6. — Dans tout bâtiment, tout chantier à découvert, ou toute autre circonstance analogue, une montre contrôlera celle du Patron.

Art. 7. — Dans les ateliers qui occuperont au moins dix Ouvriers, une cloche, autant que faire se pourra, se réglera sur l'heure de l'atelier pour appeler l'Ouvrier, l'Apprenti et l'Homme d'atelier, au travail et au repos.

TITRE III.

Du prix de la journée.

Art. 8. — Les Ouvriers et les Hommes d'atelier devront être rétribués selon leur capacité et leur aptitude au travail.

Art. 9. — Il y aura un minimum, des prix intermédiaires, et un maximum de la journée des Ouvriers, fixés par corporations dans chaque partie d'état, d'après son importance.

Art. 10. — Il y aura un minimum pour les Hommes d'atelier.

Art. 11. — L'Ouvrier incapable pourra être taxé au bout de la quinzaine et pour cette quinzaine, au-dessous du minimum de la journée d'ouvrier.

Art. 12. — Tout Patron sera tenu de prévenir, dans la première huitaine, l'Ouvrier, s'il n'est pas dans l'intention de lui accorder le minimum de la journée d'ouvrier.

Art. 13. — Du moment que le Patron aura passé huit jours sans prévenir l'ouvrier qu'il n'est pas dans l'intention de lui accorder le minimum, ce minimum sera acquis de plein droit à l'Ouvrier.

Art. 14. — L'Ouvrier ou l'Homme d'atelier entrant dans un atelier nouveau, et leurs prix étant fixés au bout de leurs quinzaines, auront le droit, après une ou plusieurs quinzaines, de réclamer successivement de l'augmentation, s'il y a lieu.

TITRE IV.

De la paie.

Art. 15. — La paie des Ouvriers et Hommes d'atelier devra être faite, dans tout atelier, tous les quinze jours, à moins de conventions contraires entre les Patrons et les Ouvriers.

Art. 16. — Désormais, la paie sera faite publiquement devant tous les Ouvriers, afin que l'on sache ce que chacun gagne, et qu'aucun ne puisse travailler à des prix inférieurs à ceux qui doivent lui revenir.

TITRE V.

Des Contre-Maîtres et Ouvriers élus en première ligne.

Art. 17. — Les Contre-Maîtres continueront d'être choisis exclusivement par les Patrons.

Art. 18. — Il y aura, dans chaque atelier, un Ouvrier élu en première ligne. Cet Ouvrier devra être reconnu capable de conduire l'atelier de sa partie.

Art. 19. — Les Ouvriers élus en première ligne le seront par vote secret, chaque trimestre, par l'ensemble des Ouvriers de l'atelier. Ils pourront être réélus.

TITRE VI.

Du Jury-Ouvrier au premier degré.

Art. 20. — Il y aura dans chaque atelier un jury d'Ouvriers élus par l'ensemble des Ouvriers et des Hommes d'atelier.

Art. 21. — La mission du jury sera d'entendre et de juger les réclamations de toute nature des Ouvriers, des Hommes d'atelier et des Apprentis.

Art. 22. — Ce jury sera composé d'Ouvriers en nombre impair, en rapport avec la quantité d'Ouvriers de l'atelier.

Les Jurés-Ouvriers seront élus tous les trois mois; ils le seront par vote secret. Ils pourront être réélus.

Au cas où il n'y aurait que trois Ouvriers, ou deux Ouvriers et un Homme d'atelier, dans l'atelier, deux d'entre eux pourront choisir un Ouvrier comme juré unique.

Art. 23. — S'il y a insuffisance dans l'atelier pour former un Jury, nommer un juré, ou impossibilité de s'entendre par suite de coalition, désaccord ou égalité de capacité, il y sera suppléé au choix de l'Ouvrier, de l'Homme d'atelier ou de l'Apprenti, par le Jury soit de l'atelier de la partie le plus voisin, soit d'un autre atelier de la même partie où l'Ouvrier et l'Homme d'atelier seront connus, soit de la partie le plus en rapport avec celle de l'Ouvrier et de l'Homme d'atelier.

TITRE VII.

Du Jury suprême.

Art. 24. — En cas d'opposition formelle de la part du Patron à une décision du Jury, il en sera référé à un Jury suprême composé moitié de Patrons de la partie, moitié d'Ouvriers de la partie, sous la présidence du Juge de paix de l'arrondissement qui aura voix délibérative et prépondérante.

Ce Jury décidera souverainement.

TITRE VIII.

Caisse de Secours, Caisse du prêt à la moralité, tenues par des Ouvriers d'élection.

Art. 25. — Il sera versé toutes les quinzaines, ou autres époques, dans la Caisse de Secours établie pour les Ouvriers, Hommes d'atelier, femmes, veuves, enfants et orphelins d'Ouvriers et d'Hommes d'atelier hors d'état de travailler, et eu égard aux besoins, et dans la Caisse du prêt à la moralité des Ouvriers, 5 centimes par franc sur la paie des Ouvriers et hommes d'atelier.

Ces 5 centimes par franc seront versés moitié dans la Caisse de Secours, moitié dans la Caisse du prêt à la moralité, par le Patron accompagné de l'Ouvrier élu en première ligne, et à son défaut, par un Délégué du Jury ou un Ouvrier choisi par l'atelier.

Art. 26. — L'Ouvrier ou l'Homme d'atelier qui auront emprunté à la Caisse du prêt à la moralité, laisseront sur leur paie, toutes les quinzaines, ou autres époques convenues, dix centimes par franc jusqu'à fin de remboursement sans intérêt; le tout comme il est dit article 25 ci-dessus.

L'Ouvrier ou l'Homme d'atelier seront libres de rembourser plus tôt leur dette en partie ou en totalité selon leurs moyens ou bon vouloir; dans ces différents cas, leur conduite sera signalée, appréciée et il en sera tenu note au grand-livre de la moralité.

Art. 27. — Tout Ouvrier ou Homme d'atelier, étrangers, devront laisser une retenue de 10 centimes par franc pour être versées moitié à la Caisse de Secours, moitié à la Caisse de Moralité.

Art. 28.—En cas de prêt à la moralité, à l'Ouvrier ou à l'Homme d'atelier, étrangers, la retenue, pour remboursement, sera de 20 centimes par franc, jusqu'à concurrence de remboursement.

Art. 29. — Au cas où l'Ouvrier ou l'Homme d'atelier étrangers voudraient quitter la France, la Caisse à la Moralité lui comptera l'argent nésessaire pour son voyage; et, dans certaines circonstances, cette somme sera augmentée au prorata de son versement à la Moralité.

L'un et l'autre renonceront alors à tout droit aux Caisses de Secours et de Moralité.

TITRE IX.

Contraventions.

Art. 30. — Tout Ouvrier ou Homme d'atelier manquant son travail, dans la semaine, pour cause de ribote, sera tenu de laisser sur sa paie la somme de 20 centimes par franc pour chaque jour que cela lui arrivera.

Art. 31. — Tout Patron convaincu d'avoir passé des marchés particuliers avec des Ouvriers pour les faire travailler, à la dérobée et en particulier, à des prix inférieurs à la capacité et aux prix fixés par le Jury, aux dépens des autres Ouvriers, sera puni, une première fois, d'une amende de 5 francs; une seconde fois, d'une amende de 25 francs ; une troisième fois et suivantes, d'une amende de 50 francs, qui devront être versés immédiatement à la Caisse du prêt à la moralite, comme il est dit article 25.

Art. 32. — L'Ouvrier qui se sera laissé embaucher, soit par un Patron, soit par un particulier, à des prix plus bas que sa journée ordinaire, sera passible d'une amende de 1 franc à 5 francs, à la volonté du Jury.

Art. 33. — Tout Patron qui aura donné aux Ouvriers à emporter chez eux de l'ouvrage de confection ou autrement, encourra les mêmes amendes, et de la même manière que dans l'art. 32 ci-dessus.

Art. 34. — Tout Ouvrier et Homme d'atelier, arrivant après l'heure, auront le droit de se mettre sur le champ à l'ouvrage, en perdant un quart-d'heure; ceux qui arriveront après le quart d'heure, perdront une demi-heure, et successivement; mais ils conserveront toujours le droit de se mettre à l'ouvrage.

Art. 35. — Il y aura dans tout atelier, au-dessous de la pendule, ou du cartel, ou de tout autre moyen d'indiquer l'heure, un tableau contenant la présente loi, afin qu'elle soit connue de tous et que les Ouvriers, Apprentis et Hommes d'atelier soient informés de leurs droits et de leurs devoirs.

Tout Patron qui contreviendra à cette disposition, ainsi qu'aux dispositions contenues dans les art. 5 et 7, paiera un amende de 5 francs.

Art. 36. — Le montant de ces diverses amendes et retenues sera immédiatement versé à la Caisse du prêt à la moralité, de la manière qu'il est dit ci-dessus, art. 25.

TITRE X.

Disposition transitoire.

Art. 37.—Les minimum, prix intermédiaires et maximum de la journée des Ouvriers à fixer par corporation dans chaque partie d'état, d'après son importance, ainsi que le minimum pour les Hommes d'atelier, seront arrêtés une première fois d'un commun accord, entre les Délégués des Patrons, et les Délégués des Ouvriers réunis en nombre égal dans chaque partie d'état, sous la présidence d'un citoyen qui ne soit ni Patron ni Ouvrier.

Impr. de Madame de Lacombe, 12, rue d'Enghien.

www.ingramcontent.com/pod-product-compliance
Lightning Source LLC
LaVergne TN
LVHW010324230826
846091LV00009B/3759

* 9 7 8 2 0 1 2 4 6 2 4 3 4 *